GARFIELD
fou rire

PAR JIM DAVIS

DISTRIBUTEURS EXCLUSIFS :

° POUR LE CANADA ET LES ÉTATS-UNIS :
Les Messageries ADP
955, rue Amherst
Montréal, Québec
H2L 3K4
Tél.: (514) 523-1182
Télécopieur: (514) 939-0406

° POUR LA SUISSE
Transat S.A.
Route des Jeunes, 4 Ter
C.P. 1210
1211 Genève 26
Tél.: (41-22) 342-7740
Télécopieur: (41-22) 343-4646

° POUR LA FRANCE ET LES AUTRES PAYS :
Dilisco Diffusion
122, rue Marcel Hartmann
94200 Ivry-sur-Seine
Tél.: 49.59.50.50
Télécopieur: 46.71.05.06

° POUR LA BELGIQUE ET LE LUXEMBOURG :
Vander S.A.
Avenue des Volontaires, 321
B-1150 Bruxelles
Tél.: (02) 762-9804
Télécopieur: (02) 762-0662

JIM DAVIS

TRADUIT DE L'AMÉRICAIN PAR
JEAN-ROBERT SAUCYER

Publié par:
Presses Aventure, une division de
Les Publications Modus Vivendi Inc.
C.P. 213, Dépôt Sainte-Dorothée
Laval (Québec)
Canada
H7X 2T4

Traduction: Jean-Robert Saucyer
Infographie: Modus Vivendi

Dépôt légal: 3ième trimestre 1996
Bibliothèque nationale du Québec
Bibliothèque nationale du Canada
Bibliothèque nationale de Paris

ISBN: 2-922148-07-6

HEU!
HEU!

VOILÀ DES PASTILLES CONTRE LA TOUX!
wham

ELLES SONT TRÈS EFFICACES!
JIM DAVIS 1-11

TCHAC!

CE N'EST PAS DE BON AUGURE...
HÉ!
HÉ!
HÉ!
JIM DAVIS 1-12

GARFIELD, DISONS QUE JE SUIS UNE SOURIS...
JE TROTTE DANS LE SALON. QUE FAIS-TU?
CONDUIS-MOI AU FROMAGE!
JIM DAVIS 1-13
1995 PAWS, INC Distributed by Universal Press Syndicate
JIM DAVIS 1-14
1995 PAWS, INC./Distributed by Universal Press Syndicate
QU'EST-CE QUE C'EST?
LA LISTE DE CE QUE JE NE FERAI PAS AUJOURD'HUI!

GARFIELD
CÉRÉALES POP
LAIT
POP POP POP POP
© 1986 PAWS, INC./Distributed by Universal Press Syndicate
POP POP POP POP POP POP POP POP POP POP
POP POP POP POP POP
POP POP POP POP POP POP POP POP POP
DU LAIT?
PLUTÔT MANGER DES RÔTIES!
JIM DAVIS 1-15

© 1995 PAWS, INC./Distributed by Universal Press Syndicate
TU N'ES PAS GAI AUJOURD'HUI
TU AS RATÉ ÇA!
JIM DAVIS 1-16
JIM DAVIS 1-17
QUELLE BELLE JOURNÉE ENSOLEILLÉE!
© 1995 PAWS, INC./Distributed by Universal Press Syndicate

(c) 1995 PAWS. INC. Distributed by Universal Press Syndicate
JIM DAVIS 1-18

T'ES ABRUTI, MOCHE ET, EN GÉNÉRAL, INSUPPORTABLE!

ILS ADORENT UN PEU D'ATTENTION!

ODIE A BESOIN D'UNE MISE AU POINT!
1995 PAWS, INC. Distributed by Universal Press Syndicate

badoumga!

BADOUMGA?
JIM DAVIS 1-19

FÉLICITATIONS JANE! VOUS AVEZ REMPORTÉ LE PREMIER PRIX!
1995 PAWS, INC Distributed by Universal Press Syndicate
UNE SOIRÉE AVEC JON ARBUCKLE!
JIM DAVIS 1-20
ELLE PRÉFÉRERAIT UN LAVE-VAISSELLE
RIPOSTE AVEC UN GRILLE-PAIN!
À QUOI SONGES-TU EN CONTEMPLANT PAREIL PAYSAGE, GARFIELD?
JIM DAVIS 1-21
À UNE PIZZA!
ET CETTE COLLINE LÀ- BAS ME RAPELLE LA LASAGNE!

GARFIELD
CLIC
DÉJÀ VU!
CLIC
DÉJÀ VU!
CLIC
DÉJÀ VU!
CLIC
CLIC
CLIC
DÉJÀ VU!
DÉJÀ VU!
DÉJÀ VU!
QUE DES REDIFFU-
SIONS! J'AI ENVIE DE
NOUVEAUTÉ!
JPM DAVIS 1-22

DU CAFÉ?
JIM DAVIS 1-23
JE N'EN SAIS PAS PLUS QUE TOI!
© 1995 PAWS, INC./Distributed by Universal Press Syndicate
TON CAFÉ EST-IL TROP FORT, GARFIELD?
JE N'EN SAIS RIEN
IL S'EST SAUVÉ AVANT QUE J'Y GOÛTE!
JIM DAVIS 1-24
© 1995 PAWS, INC./Distributed by Universal Press Syndicate

SOIS PRUDENT, GARFIELD

LE CAFÉ EST BRÛLANT

J'APPRÉCIE LA MISE EN GARDE!
JIM DAVIS 1-25

JE NE DEVRAIS PAS BOIRE UNE GORGÉE DE CAFÉ DE PLUS

JE CONNAIS MES RÉACTIONS À LA CAFÉINE!
JIM DAVIS 1-26

JON AFFIRME QU'EN ME SAUVANT JE PEUX ÉVITER LA GYMNASTIQUE
© 1995 PAWS, INC./Distributed by Universal Press Syndicate
HÉ! MINUTE PAPILLON!
JIM DAVIS 1-27
REGARDE! JE T'AI APPORTÉ UN BEL OS À LA MOELLE!
JIM DAVIS 1-28
© 1995 PAWS, INC./Distributed by Universal Press Syndicate
JE LE POSE ICI, HORS DE TA PORTÉE
AMUSE-TOI!

GARFIELD
CLIC CLIC CLIC
DÉJÀ VU!
CLIC CLIC CLIC CLIC
NOUVELLES D'HIER...
DES RESTES!
JAMAIS RIEN DE NOUVEAU PAR ICI!
SAUVE-TOI VITE! LE RENVOI D'EAU DÉBORDE ET DES MILLIERS DE PIRANHAS FRAIENT DANS LA CUVETTE!! AHHH!
© 1995 PAWS, INC./Distributed by Universal Press Syndicate
ENCORE?!
JIM DAVIS 1·29·95

JE M'INTÉRESSE AUX PIONNIERS
COMME MON ARRIÈRE-GRAND-PÈRE, OSLO!
© 1995 PAWS, INC /Distributed by Universal Press Syndicate
IL A DÉPLACÉ SA FAMILLE À TRAVERS DES KILOMÈTRES DE TERRITOIRE INEXPLORÉ
ILS ÉTAIENT TRÈS BRAVES!
"J'ENTENDS UN OUVRE-BOÎTE", RÉPÉTAIT-IL
JIM DAVIS 1-30
JON, M'AS-TU DIT QUE JE DEVAIS OU QUE JE NE DEVAIS PLUS T'EMBÊTER?
FICHE LE CAMP!
© 1995 PAWS, INC /Distributed by Universal Press Syndicate
JIM DAVIS 1-31
PAS AVANT QUE TU N'AIES RÉPONDU À MA QUESTION!

ZUT! ENCORE UN TROU DE SOURIS!

FLOP

QU'EST-CE QUE C'EST?
UN BAIL STANDARD!
JIM DAVIS 2-1

JE CULTIVE MON ESPRIT

TU DEVRAIS T'Y METTRE!
D'ACCORD!

QUE PUIS-JE FAIRE POUR CULTIVER L'ESPRIT DE JON?
JIM DAVIS 2-2

GARE AU VIEUX CHIEN
ET AVEC QUELLES DENTS VAS-TU ME MORDRE?
GARE
NOM D'UN CHIEN! UN VIEIL ASSASSIN ARMÉ D'UNE CANNE!
JIM DAVIS 2-3

JIM DAVIS 2-4
CE DÎNER ÉTAIT SUCCULENT!

TCHIC
TCHIC
TCHIC
TCHIC
SAPRISTI! IL A RAISON!

GARFIELD
HOUP!
FROUCH
OUILLE!
FROUCH
FROUCH
AAIIEE!
OUF!
JIM DAVIS 2·5
FLOP
© 1995 PAWS, INC./Distributed by Universal Press Syndicate

?
JIM DAVIS 2-6
TOC
TOC
TOC
© 1995 PAWS, INC./Distributed by Universal Press Syndicate
Le Réseau des chats présente le jeu préféré de tous....
Celui qui dort le plus longtemps emporte la cagnotte!
© 1995 PAWS, INC./Distributed by Universal Press Syndicate
Z
Z
Z
Z
Z
VIVE LE SPORT!
JIM DAVIS 2-7

DIX-HUIT HEURES NEUF MINUTES
RETOURNE-MOI SUR LE DOS. JE PEUX FAIRE MIEUX!
JIM DAVIS 2-8

CLIC

Z

COMBIEN J'AIMERAIS DORMIR!

MAIS TU DORS!

AH! CECI EXPLIQUE CELA!
Z
JIM DAVIS 2-9

JE SAIS CE QUE TU VEUX, GARFIELD

JE PEUX LIRE DANS TES PENSÉES

TU VEUX MANGER!
D'ACCORD! ET, À PROPOS, TON AUTO A PRIS FEU
JIM DAVIS 2-10

POUR DÎNER, VOICI UNE FRICASSÉE DÉGOÛTANTE QUE J'AI PRÉPARÉE AVEC DIEU SAIT QUOI!
GARFIELD

GARFIELD

C'EST BON!
GARFIELD
JIM DAVIS 2-11

GARFIELD
619
JIM DAVIS 2·12
PIF
TCHIC
SCRONTCH
SCRONTCH
Z
© 1995 PAWS, INC. Distributed by Universal Press Syndicate
JE DÉTESTE LES ARAIGNÉES!

SAPRISTI!
JIM DAVIS 2-13

JE SUIS COUVERT DE POILS DE CHAT!
FROUCH
FROUCH
FROUCH

BIENVENUE PARMI NOUS!

TU MUES ENCORE!
C'EST FAUX!

JIM DAVIS 2-14
CLIP
CLIP

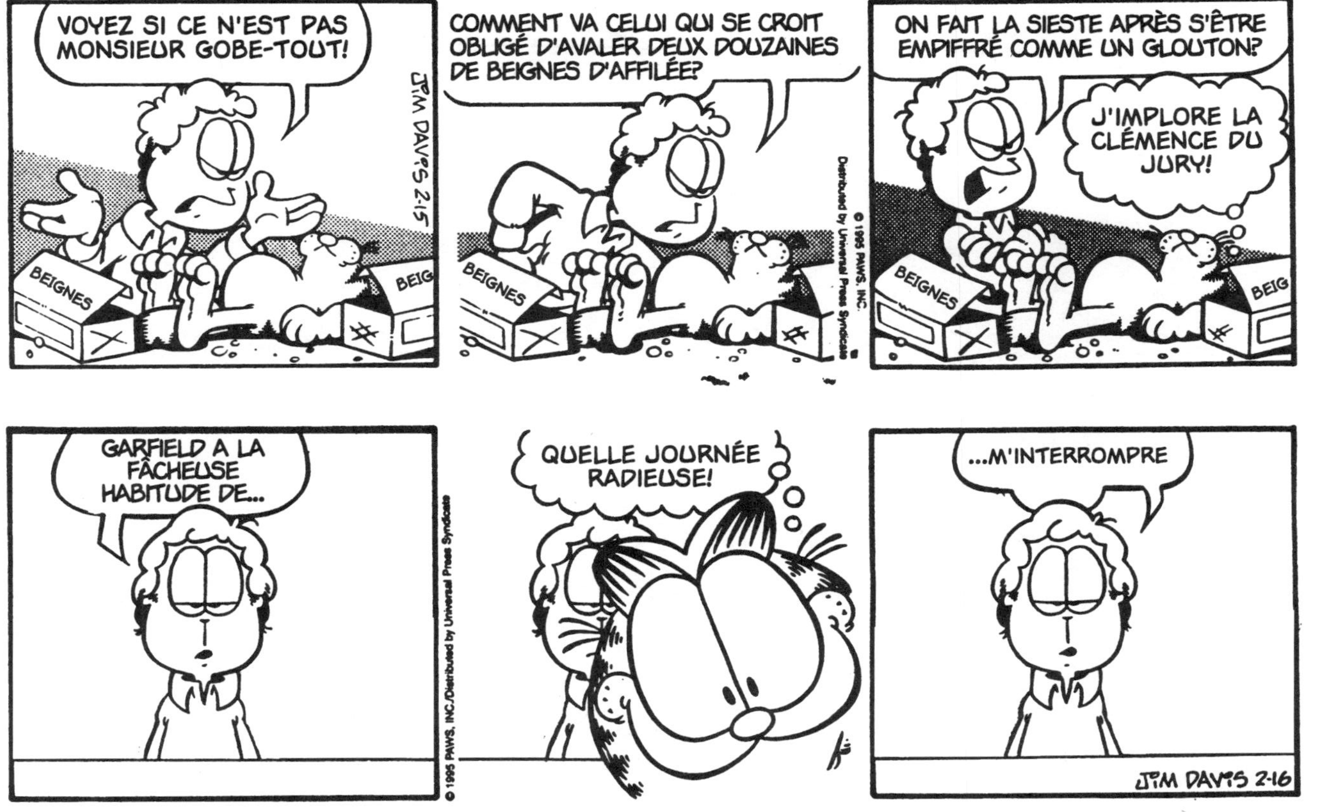
VOYEZ SI CE N'EST PAS MONSIEUR GOBE-TOUT!
JIM DAVIS 2-15
BEIGNES
BEIG
COMMENT VA CELUI QUI SE CROIT OBLIGÉ D'AVALER DEUX DOUZAINES DE BEIGNES D'AFFILÉE?
© 1995 PAWS, INC.
Distributed by Universal Press Syndicate
BEIGNES
ON FAIT LA SIESTE APRÈS S'ÊTRE EMPIFFRÉ COMME UN GLOUTON?
J'IMPLORE LA CLÉMENCE DU JURY!
BEIGNES
BEIG
GARFIELD A LA FÂCHEUSE HABITUDE DE...
© 1995 PAWS, INC./Distributed by Universal Press Syndicate
QUELLE JOURNÉE RADIEUSE!
...M'INTERROMPRE
JIM DAVIS 2-16

JIM DAVIS 2-17

LE DEGRÉ DE STUPIDITÉ EST SOUDAIN À LA HAUSSE!

JIM DAVIS 2-18

© 1995 PAWS, INC./Distributed by Universal Press Syndicate
J'AI HÂTE AU PRINTEMPS!

Garfield
HÉ ODIE! CHANGEONS LES RÔLES!
JIM DAVIS 2-19
EUF EUF EUF
WOUF! WOUF!
MIAM!
PIF!
© 1985 PAWS, INC./Distributed by Universal Press Syndicate
Z
JE SUIS UN CHIEN DEPUIS DEUX MINUTES ET DÉJÀ J'AI HORREUR DES CHATS!

JIM DAVIS 2-20

OÙ EST PASSÉ LE PAPIER D'ALU?

COSTUMÉ EN RESTES DE TABLE, GARFIELD?

CHUT! TU VAS EFFRAYER LE PAIN DE VIANDE!

TU AFFICHES UNE MAUVAISE ATTITUDE PAR RAPPORT À TON RÉGIME

AFIN DE MINCIR, TU DOIS Y METTRE DE LA VOLONTÉ

DUR DE VOULOIR MAIGRIR QUAND ON N'A PAS DE GARDE-ROBE À RENOUVELER!
JIM DAVIS 2-22

JON A RAISON! JE DOIS PRENDRE UNE ATTITUDE POSITIVE FACE À MON RÉGIME
JIM DAVIS 2-23

AVEC LE SOURIRE AUX LÈVRES...

ET LA MOUE DANS L'ESTOMAC!

NE MANGES PAS CES BEIGNES! TU ES AU RÉGIME!
JIM DAVIS
JE NE LES MANGERAI PAS, JE LE JURE!
MAIS NE M'EMPÊCHE PAS DE M'EN FRICTIONNER TOUT LE CORPS!
2·24

AAARGHHH
JIM DAVIS 2·25
ALORS, CE RÉGIME, ÇA FONCTIONNE?
DISONS QUE CE N'EST PAS DEMAIN QUE JE PORTERAI UN SLIP ÉCHANCRÉ À LA PLAGE!

GARFIELD
JIM DAVIS 2-26
MAINS EN L'AIR!
HA!HA!HA!
HA! HA!
HI! HI! HI!
HO HA HA HA
HO HO HOOOO!
HA HA HA
HA HA H
PAF
PAF
HI HI HI HI...
HO... HO...
HI HI
HI! ..
GARFIELD!
© 1995 PAWS, INC./Distributed by Universal Press Syndicate

GARFIELD ÉTAIT D'HUMEUR MAUSSADE, CE MATIN
JIM DAVIS 2·27
© 1995 PAWS, INC./Distributed by Universal Press Syndicate
JE LUI AI CONSEILLÉ DE PRENDRE L'AIR...
CE QUI SEMBLE LUI AVOIR RÉUSSI!
J'AI ÉTRIPÉ TROIS ÉCUREUILS...

HELLO GROS LARD!
JIM DAVIS 2·28
HELLO CHEMISE EN LAMBEAUX!
© 1995 PAWS, INC./Distributed by Universal Press Syndicate

TU ES PARESSEUX, GARFIELD!

IL SE TROUVE QUE JE MÈNE UNE EXPÉRIENCE SCIENTIFIQUE

PARESSEUX, PARESSEUX,

JE VÉRIFIE LA LOI FONDAMENTALE DE LA PHYSIQUE...

PARESSEUX, PARESSEUX, PARESSEUX,

"UN CORPS AU REPOS TEND À LE RESTER!"

JIM DAVIS 3-2

WOUF! WOUF!
MIAOU! MIAOU!
BLA BLA BLA BLA BLA BLA!
HÉ! HÉ! HÉ! HÉ! HÉ HÉ!
DU BAVARDAGE!
JIM DAVIS 3-3

GARFIELD
CE SOIR
SUR LA CLÔTURE
MIAULEMENTS FOLKLORIQUES
CD
LES GRANDS SUCCES
CAUSONS!
LA VIE EST INJUSTE, POOKY. JE SUIS OBLIGÉ DE VIVRE AVEC UN CHIEN QUI RESSEMBLE À UN CITRON À QUATRE PATTES...
ET AVEC UN MAÎTRE QUI SE FAIT UNE JOIE DE COLLER SES LÈVRES À...
JE FAIS DES CONFIDENCES À MON OURSON!
TU VOIS COMMENT IL ME TRAITE? ON DIRAIT QUE JE SUIS DE TROP DANS CETTE MAISON! SANS COMPTER QUE...
JIM DAVIS 3-5

ÇA C'EST
LA PUISSANCE,
DE POOKY!
POUVOIR CHASSER LA SOLITUDE
AVEC UNE SEULE ÉTREINTE!
PAS BESOIN DE GROS MUSCLES
POUR ÊTRE UN SUPERHÉROS!
JIM DAVIS 3-6
© 1995 PAWS, INC./Distributed by Universal Press Syndicate
MMMMMMMM!
JIM DAVIS 3-7
© 1995 PAWS, INC./Distributed by Universal Press Syndicate
TU NE ME CAJOLES JAMAIS DE LA SORTE!
SANS VOULOIR T'OFFENSER, TU N'AS RIEN D'UN NOUNOURS!

SOUPIR...

MMMMM!

MERCI!
PAS DE QUOI!
JIM DAVIS 3-8

TU AS BIEN MANGÉ, GARFIELD?
TRÈS BIEN, MERCI!
GARFIELD

ET TOI, POOKY? BIEN BOURRÉ?
GARFIELD

JE NE M'ABAISSERAI PAS À SOURIRE!
JIM DAVIS 3-9
GARFIELD

Voilà qui met fin à cette émission!

Voici un reportage sur l'ours...

Est-il l'ami de l'homme ou un tueur sans pitié?

JPM DAVIS 3-10

GARFIELD®
VIENS PLUS PRÈS!
ESSAIE, VOIR!
ESSAIE TOI-MÊME!
ESSAIE DE ME CONTRAINDRE À T'Y CONTRAINDRE!
ESSAIE DE ME CONTRAINDRE À TE CONTRAINDRE D'ESSAYER!
ESSAIE DE ME CONTRAINDRE À TE CONTRAINDRE D'ESSAYER DE ME CONTRAINDRE!
ESSAIE DE ME CONTRAINDRE À TE CONTRAINDRE D'ESSAYER DE ME CONTRAINDRE À ESSAYER!
ESSAIE DE ME CONTRAINDRE À TE CONTRAINDRE D'ESSAYER DE ME CONTRAINDRE À... EUH!
HÉ MINUTE! J'AI OUBLIÉ DE QUOI NOUS PARLIONS
VIENS PLUS PRÈS ET JE TE LE DIRAI!
ESSAIE, VOIR!
© 1985 PAWS, INC./Distributed by Universal Press Syndicate
JIM DAVIS 3-12

LES CHATS ADORENT JOUER AVEC UN SAC VIDE. TIENS! ESSAIE-TOI!
RIGOLONS-NOUS JUSQU'ICI?
TU VOIS?!
JIM DAVIS 3-13
© 1995 PAWS, INC./Distributed by Universal Press Syndicate
JE PEUX PATIENTER, MON OISEAU...
TÔT OU TARD, TU DEVRAS SORTIR DE LÀ!
JIM DAVIS 3-14
© 1995 PAWS, INC./Distributed by Universal Press Syndicate

NAVRÉ! AI-JE OFFENSÉ TON SENS DE L'ESTHÉTIQUE?

Z

CLIC!
Z

HÉ! JE REGARDAIS CETTE ÉMISSION!
JIM DAVIS 3-17

ATTENTION! LÂCHEZ CE HAMBURGER! JE RÉPÈTE : LÂCHEZ CE HAMBURGER!

BIP BIP BIP BIP BIP BIP
UNE ALARME À HAMBURGER!
BIEN FAIT!
JIM DAVIS 3-18

GARFIELD
FLIP
FLIP
FLIP
FLIP
FLIP
FLIP
FLIP
FLIP
FLIP
FLIP
FLIP
FLIP
© 1995 PAWS, INC./Distributed by Universal Press Syndicate
FLIP
FLIP
FLIP
FLIP
FLIP
FLIP
FLIP
FLIP
JIM DAVIS 3-19

J'APPELLE À L'AGENCE DE VOYAGES EN VUE DE NOS VACANCES...
JIM DAVIS 3-20
HELLO, DONNA? ICI JON ARBUCKLE. JE CHERCHE UNE DESTINATION SOLEIL À BON MARCHÉ... SUPER! C'EST ENTENDU!
© 1995 PAWS, INC./Distributed by Universal Press Syndicate
FAIS TES BAGAGES, MON VIEUX! NOUS PARTONS POUR L'ÎLE DE GUANO-GUANO!
QUELQUE CHOSE ME DIT DE NE PAS Y ALLER
JE SUIS PRÊT POUR LES GRANDES VACANCES!
3-21
AS-TU BOUCLÉ TES MALLES, GARFIELD?
JIM DAVIS
© 1995 PAWS, INC./Distributed by Universal Press Syndicate
LE TEMPS DE LE DIRE!

© 1995 PAWS, INC./Distributed by Universal Press Syndicate

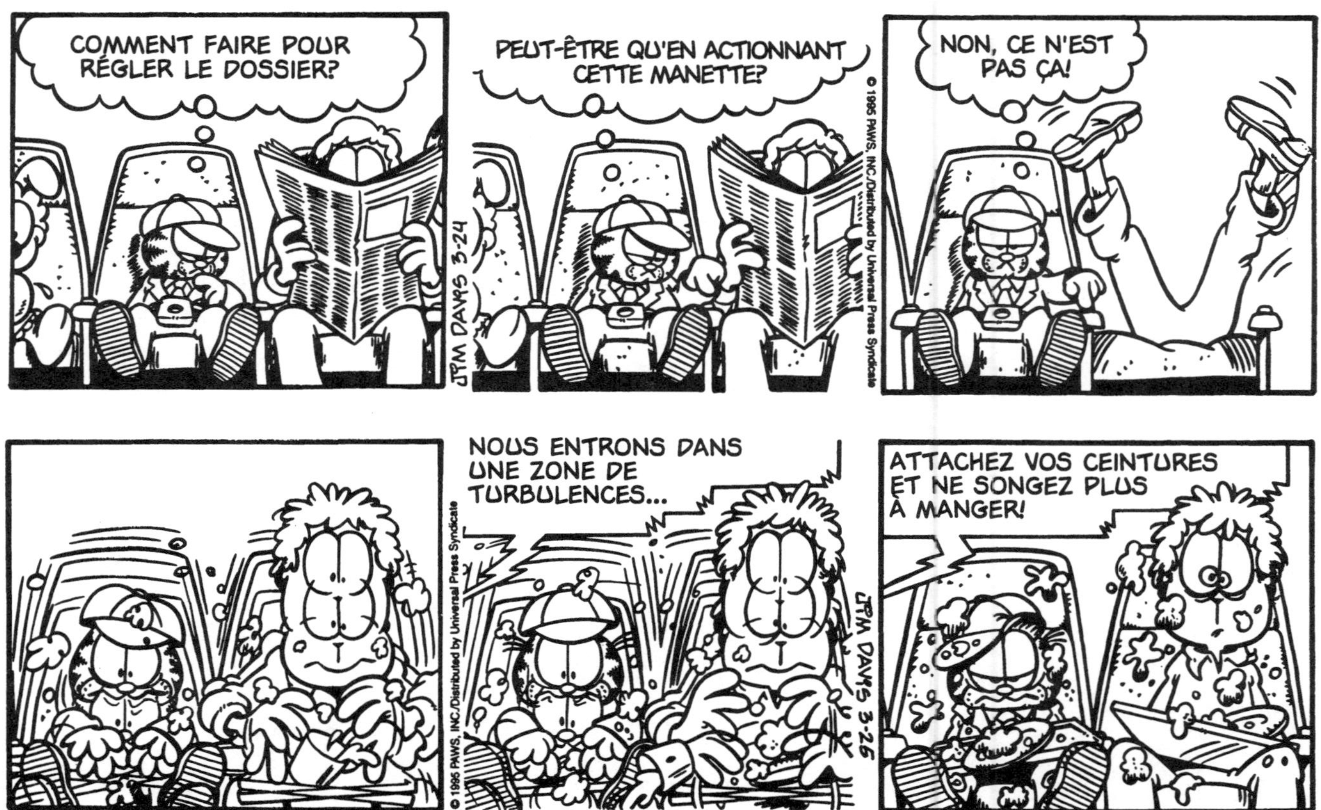
COMMENT FAIRE POUR RÉGLER LE DOSSIER?
PEUT-ÊTRE QU'EN ACTIONNANT CETTE MANETTE?
JIM DAVIS 3-24
© 1995 PAWS, INC./Distributed by Universal Press Syndicate
NON, CE N'EST PAS ÇA!
© 1995 PAWS, INC./Distributed by Universal Press Syndicate
NOUS ENTRONS DANS UNE ZONE DE TURBULENCES...
JIM DAVIS 3-25
ATTACHEZ VOS CEINTURES ET NE SONGEZ PLUS À MANGER!

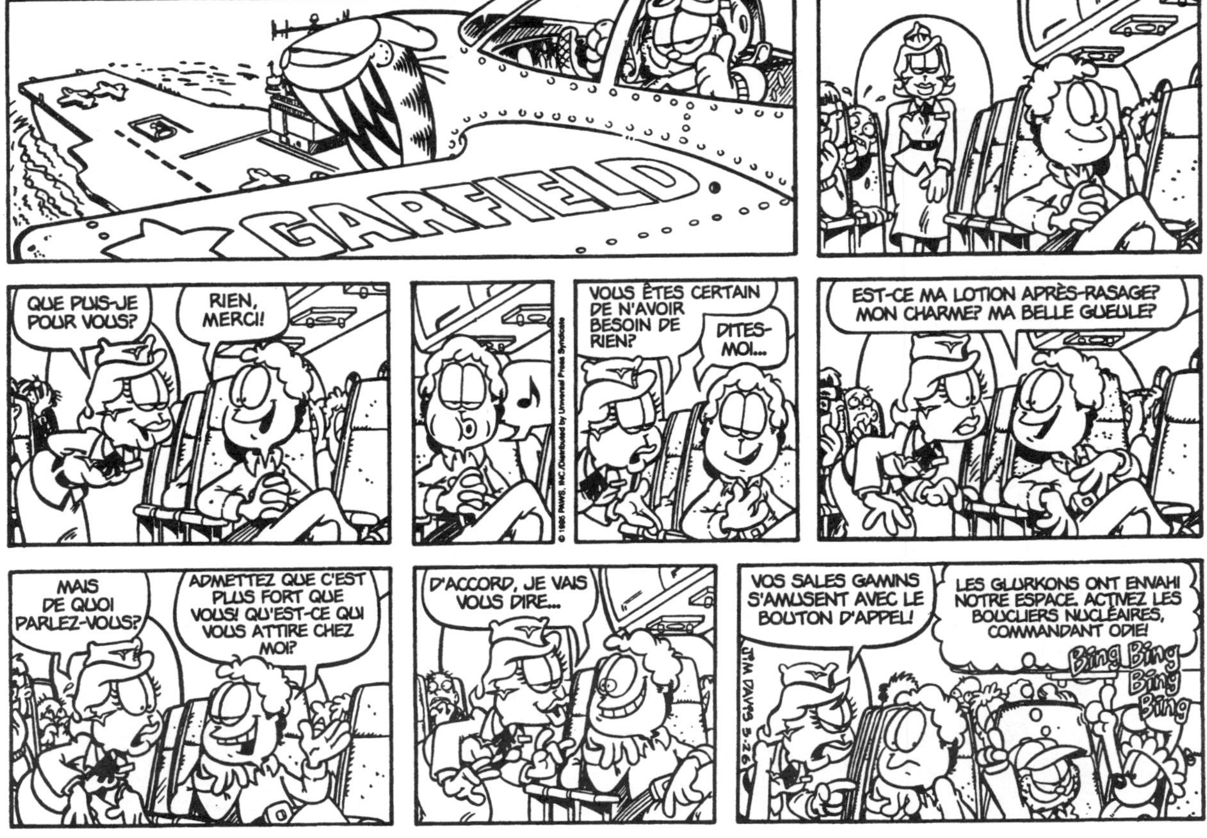
GARFIELD
QUE PUIS-JE POUR VOUS?
RIEN, MERCI!
© 1995 PAWS, INC./Distributed by Universal Press Syndicate
VOUS ÊTES CERTAIN DE N'AVOIR BESOIN DE RIEN?
DITES-MOI...
EST-CE MA LOTION APRÈS-RASAGE? MON CHARME? MA BELLE GUEULE?
MAIS DE QUOI PARLEZ-VOUS?
ADMETTEZ QUE C'EST PLUS FORT QUE VOUS! QU'EST-CE QUI VOUS ATTIRE CHEZ MOI?
D'ACCORD, JE VAIS VOUS DIRE...
VOS SALES GAMINS S'AMUSENT AVEC LE BOUTON D'APPEL!
LES GLURKONS ONT ENVAHI NOTRE ESPACE. ACTIVEZ LES BOUCLIERS NUCLÉAIRES, COMMANDANT ODIE!
Bing Bing Bing Bing
JIM DAVIS 3-26

NOUS VOICI ENFIN DANS L'ÎLE DE GUANO-GUANO!
JIM DAVIS 3-27
VOILÀ UN INDIGÈNE! ALOHA, MONSIEUR!
© 1995 PAWS, INC./Distributed by Universal Press Syndicate
ALOHA MON ŒIL!
EUH... IL DOIT S'AGIR D'UN SIGNE ANCESTRAL POUR ACCUEILLIR LES VISITEURS
NON, JE PENSE QUE C'EST UN SIGNE UNIVERSEL!
NOUS VOULONS UNE CHAMBRE, JE VOUS PRIE
RÉCEPTION
DÉSOLÉ, MAIS NOUS NE LOGEONS PAS LES ANIMAUX
RÉCEPTION
JIM DAVIS 3-28
© 1995 PAWS, INC./Distributed by Universal Press Syndicate
TRÈS BIEN! IL DORMIRA DANS L'AUTO!
RÉCEPTION

OÙ DONC SE TROUVE LE LIT DANS CETTE CHAMBRE?
JIM DAVIS 3·29
VLAN!
© 1995 PAWS, INC./Distributed by Universal Press Syndicate
LE VOICI, JON! ... JON?

ALLONS À LA PLAGE!
ÇA PAR EXEMPLE!
© 1995 PAWS, INC./Distributed by Universal Press Syndicate

ICI LES INDIGÈNES PORTENT DES JUPES EN PALMES. JE PASSERAI INAPERÇU!

JIM DAVIS 3·30
IL FAUT SE PLIER AUX COUTUMES LOCALES
ET QU'EST-CE QU'ILS MANGENT, CES INDIGÈNES?

VOUS ALLEZ À UNE MASCARADE?
JE CROYAIS QUE C'ÉTAIT LE COSTUME NATIONAL DE GUANO-GUANO
PAS DEPUIS L'INFESTATION DES BELETTES MANGEUSES DE FEUILLES!
JPM DAVIS 3-31
© 1995 PAWS, INC./Distributed by Universal Press Syndicate
Aïe! Ouille! Aïe!
MIAM
CROUNCH
MIAM
TRISTE, N'EST-CE PAS?
POUR NE PAS DIRE INDÉCENT!
REGARDE, UN COQUILLAGE!
JON
JPM DAVIS 4-1
SI TU LE COLLES À L'OREILLE, TU PEUX ENTENDRE L'OCÉAN
EUH... JON!
© 1995 PAWS, INC./Distributed by Universal Press Syndicate
N'EST-CE PAS LA CARAPACE DU CRABE ÉPINEUX DONT LE DARD EST MORTEL?

GARFIELD®
TÉLÉ
CANAL
G
Guano-Guano
TIKI HUTTE
RESTO
LA CUISINE TROPICALE EST LA SPÉCIALITÉ DU CHEF
HUM!
L'UNGUAH EST LE SEUL METS AU MENU. DE QUOI S'AGIT-IL?
VOUS NE VOULEZ PAS LE SAVOIR
DONNEZ-NOUS UN INDICE!
CROYEZ-MOI! IL VAUT MIEUX PAS
D'ACCORD! NOUS PRENONS TOUS DE L'UNGUAH!
MONSIEUR A BIEN CHOISI!
HÉ! PAS MAL, APRÈS TOUT!
JPM DAVIS 4-2
OH! NON! UN UNGUAH!
BONG!
LA NOTE!

JIM DAVIS 4-3
LE PRINTEMPS EST À NOTRE PORTE!
FERME À CLEF
NOUS DEVONS LUI SOUHAITER LA BIENVENUE!
OH! NON!
© 1995 PAWS, INC./Distributed by Universal Press Syndicate
BONJOUR MONSIEUR PRINTEMPS!
C'EST LE PIRE MOMENT DE L'ANNÉE!
TCHAC
© 1995 PAWS, INC./Distributed by Universal Press Syndicate
JIM DAVIS 4-4
TONDS LA PELOUSE!

GARE AU
CHIEN
ARTISTE
JIM DAVIS 4-5

TIENS,
DONC!
GARE AU
CHIEN
ARTISTE

© 1995 PAWS, INC./Distributed by Universal Press Syndicate

© 1995 PAWS, INC./Distributed by Universal Press Syndicate
JIM DAVIS 4-6

LE PLANCHER EST PLUTÔT
GLACIAL CE MATIN, HEIN
GARFIELD!

PREMIER CHAPITRE : "ENCOURAGEZ VOTRE CHAT À FAIRE DE L'EXERCICE"
© 1995 PAWS, INC./Distributed by Universal Press Syndicate
DEUXIÈME CHAPITRE : "OÙ SE PROCURER UN BÂTON FERRÉ"
JE PROJETTE DE DORMIR DANS L'AUTO...
JIM DAVIS 4-7
TLOK TLOK
SMACK SMACK
SMACK SMACK
© 1995 PAWS, INC./Distributed by Universal Press Syndicate
TLOK TLOK
SMACK SMACK
PST! ODIE! VEUX-TU ENCORE DU BEURRE D'ARACHIDES?
JIM DAVIS 4-8

GARFIELD
AH! LE PRINTEMPS...
QUAND LE CŒUR D'UN JEUNE CHAT...
SE PREND SOUDAIN À RÊVER DE...
JIM DAVIS 4-9
MARGUERITES!
PING!
ZOOUM

LES GENS MURMURENT QUE JE SUIS ENNUYEUX
CE N'EST PAS L'EXACTE VÉRITÉ, JON
LES CHATS AFFIRMENT LA MÊME CHOSE!
JIM DAVIS 4-10

ET MAINTENANT, ODIE DÉMONTRERA LE FLAIR EXTRAORDINAIRE DES CHIENS!

HÉ-HO! HOLÀ! PAR ICI!
JIM DAVIS 4-11

À L'AIDE! LES MURS SE REFERMENT SUR MOI!
OH! FAUSSE ALERTE...
ENCORE ENTRÉ DANS LE PLACARD?
ON NE PEUT RIEN TE CACHER!
© 1995 PAWS, INC./Distributed by Universal Press Syndicate
JIM DAVIS 4-12
Voici maintenant la météo!
Nous sommes sans nouvelles de la météo!
Hé! ce job est facile lorsqu'on ne quitte pas son fauteuil!
À QUI LE DIS-TU!
© 1995 PAWS, INC./Distributed by Universal Press Syndicate
JIM DAVIS 4-13

LA MÈRE DE JON LUI A TRICOTÉ UN AUTRE CHANDAIL...
LE CHANDAIL IDÉAL POUR LUI!
IL N'Y A PAS DE PLACE POUR MA TÊTE!
COMME JE DISAIS...
JIM DAVIS 4-14
© 1995 PAWS, INC./Distributed by Universal Press Syndicate
FIDÈLE ODIE, TOUJOURS GAI... SI AIMANT!
ET CHER GARFIELD, TOUJOURS SI... SI...
ALORS?
PRÉSENT!
MERCI! MERCI!
JIM DAVIS 4-15
© 1995 PAWS, INC./Distributed by Universal Press Syndicate

GARFIELD
CLIC CLIC CLIC CLIC CLIC CLICK
YAAAH!
JIM DAVIS 4.16
REPOUSSANT!
AFFREUX!
ET CETTE ARAIGNÉE N'EST PAS TRÈS JOJO!
© 1995 PAWS, INC./Distributed by Universal Press Syndicate

LES CHATS SONT CENSÉS CHASSER LES SOURIS
© 1995 PAWS, INC./Distributed by Universal Press Syndicate
FASCINANT! RACONTE-MOI TOUT SUR LES CHATS!
JIM DAVIS 4-17

POURSUIS CETTE SOURIS!
© 1995 PAWS, INC./Distributed by Universal Press Syndicate

JON, JON, JON...

JIM DAVIS 4-18
COMMENT LA POURSUIVRE SI ELLE RESTE SUR PLACE?

PEUX-TU ATTEINDRE LA SOURIS, GARFIELD?
JIM DAVIS 4-19

NON!

MAIS JE PEUX ATTEINDRE SON FRIGO!

JE FAIS CIRCULER UNE PÉTITION AFIN D'ÉVINCER LA SOURIS

JE SONGE MOI-MÊME À LA SIGNER...

OUI, LA NATURE PEUT S'AVÉRER CRUELLE!
JIM DAVIS 4-20

PAF! PAF! PAF! PAF! PAF! PAF!
AÏE! AÏE! AÏE! AÏE! AÏE!
JIM DAVIS 4·21
EUH... GARFIELD!
PAF! PAF! PAF!
AÏE! AÏE! AÏE!
OUI?
© 1995 PAWS, INC./Distributed by Universal Press Syndicate
© 1995 PAWS, INC./Distributed by Universal Press Syndicate
ALLEZ, SOURIS! LAISSE TOMBER!
PAS AVANT QUE TU N'AIES DIT : "S'IL VOUS PLAÎT"!
JIM DAVIS 4·22

G A R F I E L D
BRAVO!
C'EST ÉDIFIANT DE TE VOIR À L'ŒUVRE!
IL EST GRAND TEMPS QUE TU GAGNES TA PITANCE!
BRAVE CHAT! TIENS-LES À ŒIL!
MINOUCHE MINOUCHE MINOUCHE
© 1985 PAWS, INC./Distributed by Universal Press Syndicate
TU AS DU TRÈFLE?
JE JOUE ATOUT!
JIM DAVIS 4-23

SALE TEMPS AUJOURD'HUI!
PAS SI ON RESTE AU LIT!
JIM DAVIS 4-24
© 1995 PAWS, INC./Distributed by Universal Press Syndicate
HÉ-HO! LES OISEAUX! VOULEZ-VOUS JOUER AVEC MOI?
JIM DAVIS 4-25
© 1995 PAWS, INC./Distributed by Universal Press Syndicate
BIEN SÛR!
DÈS QUE NOUS AURONS MANGÉ CES GROS VERS JUTEUX!
LAISSEZ TOMBER!

GARFIELD...
EST-CE TOI QUI A LAISSÉ ÉCHAPPER LA BOULE DE QUILLES?
MOI?!
JIM DAVIS 4-26
© 1985 PAWS, INC./Distributed by Universal Press Syndicate
PIF!
JIM DAVIS 4-27
SI ÇA T'INTÉRESSE, LA PEINTURE N'EST PAS ENCORE SÈCHE!
© 1985 PAWS, INC./Distributed by Universal Press Syndicate

Les actualités sont trop démoralisantes...
...alors je lirai plutôt une bande dessinée!
© 1995 PAWS, INC./Distributed by Universal Press Syndicate
DES ZOMBIES VÉNUSIENS ENVAHISSENT LA TERRE?
LE FILM DE ONZE HEURES!
JIM DAVIS 4-28
HUM... INTÉRESSANTE, CETTE LAITUE!
JIM DAVIS 4-29
© 1995 PAWS, INC./Distributed by Universal Press Syndicate
VOILÀ UNE PHRASE QUE L'ON N'ENTEND GUÈRE SOUVENT!

0.50
PLACE
ODIE
LOYER : $ 0.00
AVENUE
GARFIELD
LOYER: $ 5,000.00
GO
VOUM
VOUM
VOUM
VOUM
BZZZ
BROUM
BRROUOUMM
BRROUOUMM
JIM DAVIS 4-30
BEURK!
GAR-FIELD!
© 1995 PAWS, INC./Distributed by Universal Press Syndicate

JE SUIS ÉPUISÉ!

JIM DAVIS 5-1

J'AI AUTANT DE PEINE
À ME TENIR ÉVEILLÉ...

QU'À TENIR QUELQU'UN
D'AUTRE ÉVEILLÉ!

N'ENLÈVE PAS LE COUVERCLE DE CETTE BOÎTE!
Biscuits

J'AI ENLEVÉ LA BOÎTE DU COUVERCLE!
Biscuits
JIM DAVIS 5-3

Comment vais-je? Très bien, je me remercie

Je semble en excellente forme. Je me remercie du compliment

Dis-moi, quels sont mes projets?
QUAND LES INVITÉS NE SE PRÉSENTENT PAS EN STUDIO!
JIM DAVIS 5-4

J'AI BIEN ENVIE DE FAIRE UN JEU!
JIM DAVIS 5-5
ET QUAND J'AI ENVIE DE FAIRE UN JEU, ÇA NE PEUT VOULOIR DIRE QU'UNE CHOSE!
© 1995 PAWS, INC./Distributed by Universal Press Syndicate
LES ÉCHECS PAR CORRESPONDANCE!
SENTEZ-VOUS COMBIEN L'AIR EST SURVOLTÉ PAR ICI?
EUF!
OOOOOH!
© 1995 PAWS, INC./Distributed by Universal Press Syndicate
EUF!
VANITEUX!
JIM DAVIS 5-6

GARFIELD®
© 1995 PAWS, INC./Distributed by Universal Press Syndicate
PIC
JIM DAVIS 5-7

JIM DAVIS 5-8
ON RENCONTRE DES DÉSASTRES IRRÉPARABLES....
ET DES URGENCES NATIONALES...
© 1995 PAWS, INC./Distributed by Universal Press Syndicate
PUIS, IL Y A JON!
J'UTILISAIS LA SOIE DENTAIRE ET...
URGENCE
JIM DAVIS 5-9
JE NE PARVIENS PAS À DORMIR!
© 1995 PAWS, INC./Distributed by Universal Press Syndicate
IL EST TROIS HEURES DU MATIN ET JE SUIS ÉVEILLÉ!
TU NE TE RENDS PAS COMPTE COMBIEN ÇA M'IRRITE!

MARCIA, SI VOUS ÊTES LIBRE CE SOIR...
JIM DAVIS 5-10
JE VOUS INVITE AU CINÉMA!
EUH, JE SONGEAIS À VOUS ACCOMPAGNER...
IL Y A TOUJOURS UNE ATTRAPE!
© 1995 PAWS, INC./Distributed by Universal Press Syndicate
TU ES GROS, GARFIELD!
JIM DAVIS 5-11
© 1995 PAWS, INC./Distributed by Universal Press Syndicate
NON, JE NE LE SUIS PAS!
TON VENTRE EST ENNEIGÉ!
J'ÉTAIS TROP PRÈS DU CONGÉLATEUR, D'ACCORD?

Z
JE ME SENS PLUS EN SÛRETÉ QUAND IL DORT
BONG!
Z
JIM DAVIS 5-12
© 1995 PAWS, INC./Distributed by Universal Press Syndicate
J'AI FIXÉ UNE CLOCHE AU COU DE GARFIELD...
JIM DAVIS 5-13
DÉSORMAIS JE SAURAI OÙ IL SE TROUVE!
HA! HA!
© 1995 PAWS, INC./Distributed by Universal Press Syndicate

Garfield
BRRRIIINNNGG!!!
RASOIR!
JIM DAVIS 9-14
GRATT
GRATT
GRATT
PEIGNE!
BZZZZZZZZZ
CE SERA ENCORE
PLUS DRÔLE QUAND
IL SERA ÉVEILLÉ!

SAIS-TU QUE LES ARAIGNÉES NE SONT PAS DES INSECTES?
WHAM!
POURTANT, ON LES ÉCRASE COMME DES INSECTES
JIM DAVIS 5-15
© 1995 PAWS, INC./Distributed by Universal Press Syndicate
VOILÀ UNE TASSE DE CAFÉ TRÈS FORT!
JIM DAVIS 5-16
© 1995 PAWS, INC./Distributed by Universal Press Syndicate

SMACK!
© 1995 PAWS, INC./Distributed by Universal Press Syndicate
SMACK!
HÉ! DEPUIS QUAND NE RETOURNE-T-ON PLUS LA POLITESSE?
JIM DAVIS 5-17
GÉRONIMO!
© 1995 PAWS, INC./Distributed by Universal Press Syndicate
JE NE DORS PAS SUFFISAMMENT!
JIM DAVIS 5-18

FLIP FLAP
FLIP FLAP
FLIP FLAP

JIM DAVIS 5-20
GLOU
GLOU
GLOU
GLOU
ODIE

GLOU
GLOU
GLOU
ODIE

BURRRRP
ODIE

GARFIELD
FLIP FLAP
FLIP FLAP
FLIP FLAP
FLIP FLAP
FLIP FLAP
FLIP FLAP
© 1995 PAWS, INC./Distributed by Universal Press Syndicate
FLIP FLAP
FLIP FLAP
FLIP FLAP
FLIP FLAP
FLIP FLAP
FLIP FLAP
SPLOT!
SPLUT!
SPLUT!
SPLOT!
DUR D'ÊTRE PRÉCÉDÉ PAR UN CHIEN!
JIM DAVIS 5-21

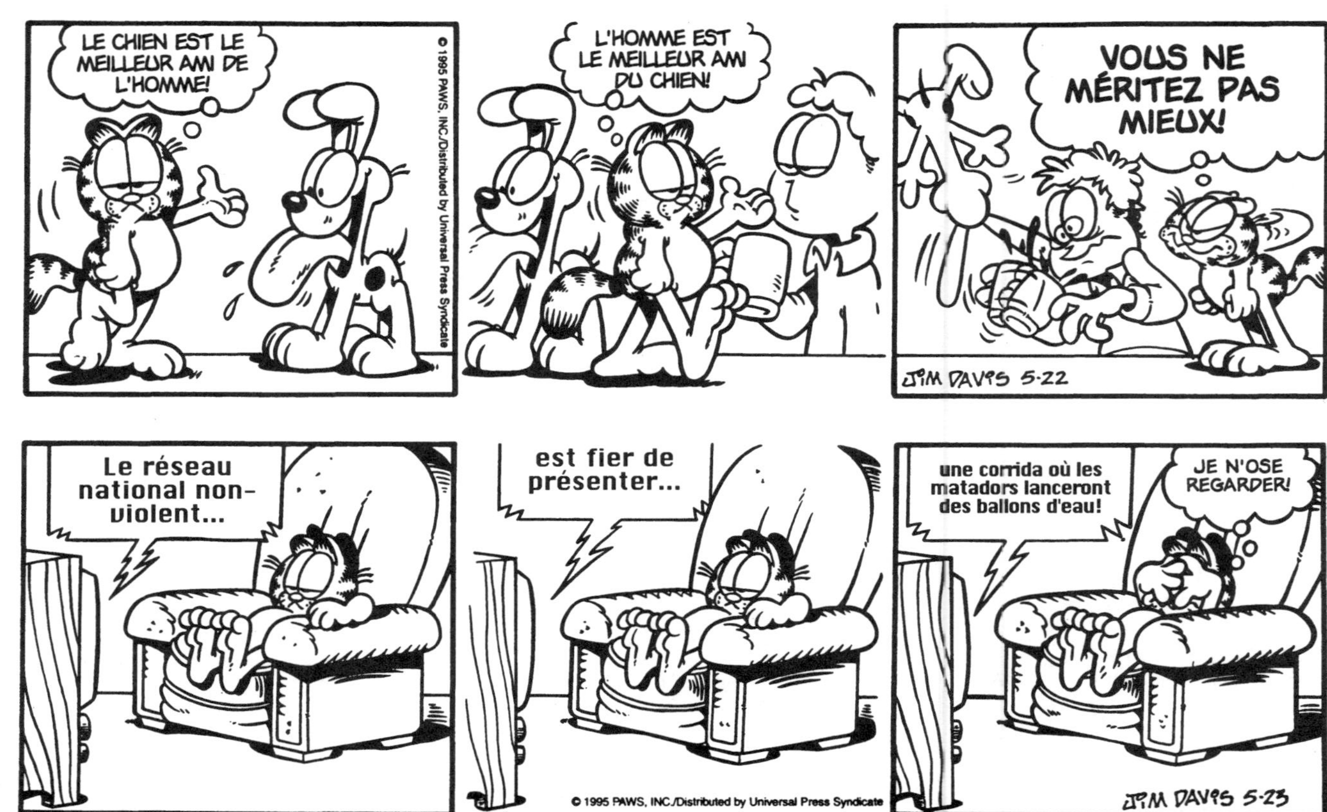
LE CHIEN EST LE MEILLEUR AMI DE L'HOMME!
© 1995 PAWS, INC./Distributed by Universal Press Syndicate
L'HOMME EST LE MEILLEUR AMI DU CHIEN!
VOUS NE MÉRITEZ PAS MIEUX!
JIM DAVIS 5-22
Le réseau national non-violent...
est fier de présenter...
© 1995 PAWS, INC./Distributed by Universal Press Syndicate
une corrida où les matadors lanceront des ballons d'eau!
JE N'OSE REGARDER!
JIM DAVIS 5-23

PRENDS UNE BOUCHÉE ET GOÛTE, GARFIELD!
ON DIRAIT DU RAGOÛT DE HYÈNE
© 1995 PAWS, INC./Distributed by Universal Press Syndicate
C'EST DU RAGOÛT DE HYÈNE!
ALORS, POURQUOI N'AI-JE PAS ENVIE DE RIRE?
JIM DAVIS 5-24
UNE COLLATION!
JIM DAVIS 5-25
DES CROUSTILLES ET DES HIRONDELLES!
© 1995 PAWS, INC./Distributed by Universal Press Syndicate
QU'AS-TU DANS CE SAC?
DES CROUSTILLES, POUR LA PLUPART!

Z
C'EST UNE JOURNÉE RADIEUSE AUJOURD'HUI!
VOILÀ UN OPTIMISME QUE J'AI HÂTE DE RÉPRIMER!
JIM DAVIS 5-26
© 1995 PAWS, INC./Distributed by Universal Press Syndicate
N'AS-TU JAMAIS EU ENVIE DE TE LEVER ET DE COURIR À TOUTE ALLURE?
ÇA S'EST PRODUIT LA SEMAINE DERNIÈRE...
JE M'ÉTAIS ASSIS SUR UN FURET!
JIM DAVIS 5-27
© 1995 PAWS, INC./Distributed by Universal Press Syndicate

GARFIELD®
Z
Z
JIM DAVIS 5-28
© 1985 PAWS, INC./Distributed by Universal Press Syndicate

BONSOIR MESDAMES ET MESSIEURS! JE... EUH...
N'ENGAGEZ JAMAIS UN CHIEN POUR TENIR VOS RÉPLIQUES!
JIM DAVIS
© 1995 PAWS, INC./Distributed by Universal Press Syndicate
5-29
FLIP FLAP FLIP FLAP
FLIP FLAP FLIP FLAP
BONG!
© 1995 PAWS, INC./Distributed by Universal Press Syndicate
JE VEUX CONNAÎTRE LE NOM DE CE PLACEUR!
JIM DAVIS
5-30

EN VENANT À LA CLÔTURE, CE SOIR, J'AI RENCONTRÉ UN CHIHUAHUA ET JE LUI AI DEMANDÉ DE ME PRÊTER CINQ DOLLARS
JIM DAVIS
IL A RÉPONDU : "NAVRÉ! MAIS JE SUIS UN PEU À COURT!"
5-31
© 1995 PAWS, INC./Distributed by Universal Press Syndicate
JE PLAISANTAIS, AMIS CHIHUAHAS! VOUS ÊTES UNE SUPERBE RACE DE RATS, EUH... DE CHIENS, ET JE VEUX VOUS DIRE...
JE SAIS POURQUOI VOUS NE COMPRENEZ PAS MES BLAGUES! VOUS ÊTES TROP VIEUX!
© 1995 PAWS, INC./Distributed by Universal Press Syndicate
POURQUOI NE RENTREZ-VOUS PAS À L'HOSPICE? N'EST-IL PAS L'HEURE DE VOS PILULES?
BONG!
JIM DAVIS 6-1

MAESTRO, JE VOUS PRIE!
HUM... DANS LE TON QUI ME CONVIENT
© 1995 PAWS, INC./Distributed by Universal Press Syndicate
MERCI!
JIM DAVIS
6-2
VOUS NE LANCERIEZ PAS VOS VERRES À UN ARTISTE, N'EST-CE PAS?
JIM DAVIS
6-3
© 1995 PAWS, INC./Distributed by Universal Press Syndicate
SPLAT! SPLUT SPLIT SPLOT SPLAT SPLUT SPLOT SPLUT!

GARFIELD
LES GARS, VOYEZ CES FILLES!
J'AI CE QU'IL FAUT POUR LES IMPRESSIONNER...
DES PATINS À ROUES
JIM DAVIS 6-4
IL S'AGIT D'UN TOURNANT MAJEUR DANS NOTRE DESTIN. ALLONS-Y!
© 1995 PAWS, INC./Distributed by Universal Press Syndicate
YAAAAAAAAAAAHHH
LA RÉFÉRENCE AU DESTIN AURAIT DÛ ÉVEILLER MES SOUPÇONS...

PAUVRE JON! PAISIBLEMENT ASSIS...
JE DEVRAIS CESSER DE LE TOURMENTER
MAIS D'ABORD, ME DÉBARRASSER DE CETTE BRIQUE!
JIM DAVIS 6-5
VROUM!
JIM DAVIS 6-6

EUF!

EUF!

CHACUN FAIT SES PROPRES CASCADES!
JIM DAVIS 6-7

AFIN D'EMPÊCHER GARFIELD DE CHIPER DES BISCUITS, J'AI INSTALLÉ UNE CAMÉRA DE SURVEILLANCE
Biscuits
Biscuits
HÉ! OÙ EST LA CAMÉRA?
L'AI VOLÉE. L'AI VENDUE. AI ACHETÉ D'AUTRES BISCUITS!
JIM DAVIS 6-8

JIM DAVIS
JE SUIS UN OISEAU PARLEUR!
6-9
© 1995 PAWS, INC./Distributed by Universal Press Syndicate
ET TOI, UN LAIDERON GRASSOUILLET!
QUI N'EST PLUS AFFAMÉ!
Restez des nôtres...
© 1995 PAWS, INC./Distributed by Universal Press Syndicate
pour "Comment déchirer des rideaux sans effort"!
JIM DAVIS 6-10
LA TÉLÉ ÉDUCATIVE!

Garfield
EUF
EUF
CLIC
BONNE NUIT, GARFIELD!
BONNE NUIT, JON!
CLIC
JIM DAVIS 6-11
ZZzzzRRRRRRRRRRR
CLIC
RRRRRRRRRRR
CLIC
RRRRRRRRRRR
POUAH! pfff! pfff!
HEP! BRRR! BRRR!
OUIN! OUAH! OUAH! OUAH!
© 1985 PAWS, INC./Distributed by Universal Press Syndicate
GARRRRRRFF!!!
RELAXE-TOI ET DONNE-MOI CET OREILLER!

© 1995 PAWS, INC./Distributed by Universal Press Syndicate
OH! NON!
JIM DAVIS 6-12
UN AUTRE ANNIVERSAIRE M'ATTEND AU DÉTOUR!
© 1995 PAWS, INC./Distributed by Universal Press Syndicate
COMMENT SE SENT-ON À 17 ANS, GARFIELD?
TRÈS BIEN!
CHAQUE JOUR, J'APPRENDS QUELQUE CHOSE DE NOUVEAU...
ET JE DÉSAPPRENDS DEUX OU TROIS CHOSES QUE JE SAVAIS!
JIM DAVIS 6-13

© 1995 PAWS, INC./Distributed by Universal Press Syndicate

VIEILLIR COMPORTE PLUSIEURS AVANTAGES, NOTAMMENT... EUH...
© 1995 PAWS, INC./Distributed by Universal Press Syndicate
JIM DAVIS 6-16
QUELLE CHARMANTE ATTENTION!
UNE CARTE DE SOUHAITS!
© 1995 PAWS, INC./Distributed by Universal Press Syndicate
MERCI!
PAS DE QUOI!
JIM DAVIS 6-17

GARFIELD
17
QUI?
ATCHOU!
HA!
JIM DAVIS 6-18
PFT!
LE CIEL SOIT LOUÉ!
© 1986 PAWS, INC./Distributed by Universal Press Syndicate

BON ANNIVERSAIRE!
ÇA N'ÉTAIT QU'UN COURT ESSAI!
© 1995 PAWS, INC./Distributed by Universal Press Syndicate
PFFFFFT!
JIM DAVIS 6-19
Z
BIGRE!
Z
© 1995 PAWS, INC./Distributed by Universal Press Syndicate
IL A QUITTÉ SON LIT AUJOURD'HUI
Z
JIM DAVIS 6-20

CE SERAIT BIEN DE VOUS VOIR COOPÉRER!
© 1995 PAWS, INC./Distributed by Universal Press Syndicate
J'AI COURU APRÈS!
JIM DAVIS 6-21
N'ABÎME PAS LE NOUVEAU CANAPÉ!
O.K.!
© 1995 PAWS, INC./Distributed by Universal Press Syndicate
crac!
BOUM!
PROUF!
JIM DAVIS 6-22
TU AS TOUT DÉMOLI, SAUF LE CANAPÉ, PAS VRAI?
TOUT!

GARE AU CHIEN
ET À SON COPAIN
M'SIEUR BLAIREAU
TROP, C'EST TROP!
JIM DAVIS 6-23
© 1995 PAWS, INC./Distributed by Universal Press Syndicate
UN PROVERBE EST INSCRIT SOUS CHAQUE PHOTO
YEARBOOK
JIM DAVIS 6-24
EUPHEMIA HINKLE : "IL N'EST PAS DE PETITE ÉCONOMIE"
JON ARBUCKLE : "LE SOT DILAPIDE SON AVOIR"
© 1995 PAWS, INC./Distributed by Universal Press Syndicate

GARFIELD®
SNIFFFF
!
© 1995 PAWS, INC./Distributed by Universal Press Syndicate
JIM DAVIS 6-25
WHAP!

RÉSERVÉ

RÉSERVÉ

JE SUIS UN HABITUÉ!
RÉSERVÉ
JIM DAVIS 6-26

AUTANT ME DÉTENDRE AVANT QU'ON ME VIENNE EN AIDE! UN SAUVETEUR FINIRA BIEN PAR ARRIVER
JIM DAVIS 6-27

MAIS QU'EST-CE QUE J'EN SAIS?

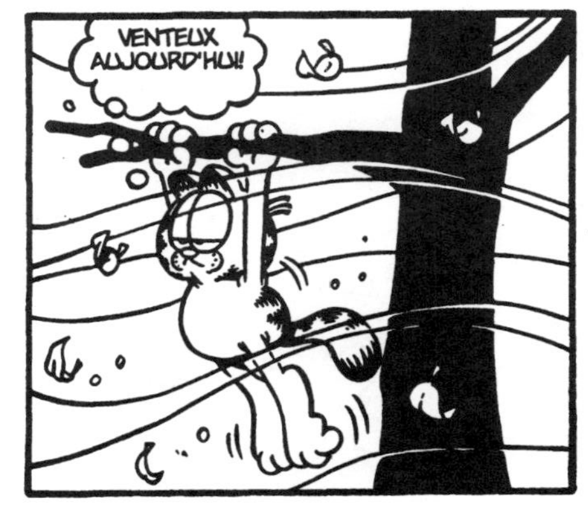
VENTEUX AUJOURD'HUI!

SCHWAP!
HEBDO
JIM DAVIS 6·28

"GÉMEAUX : AUJOURD'HUI VOUS ATTEINDREZ DE NOUVEAUX SOMMETS."
HEBDO

VOICI FINALEMENT LES POMPIERS!
JIM DAVIS 6·29

JE SUIS SAUVÉ!

SPLASH!

ENCORE COINCÉ DANS UN ARBRE!

POURQUOI AGIR AUSSI STUPIDEMENT QUE CELA?

ET CELA!
JIM DAVIS 6-30

VOICI JON! JE SUIS SAUVÉ!
JIM DAVIS 7-1

B-D-D-D-D-D

MON HÉROS!

À L'AFFICHE
GARFIELD
SUNDAY ONLY!
GARFIELD
À TABLE!
ZIP
JIM DAVIS 7-2
SPLASH!
GARFIELD!
CROUNCH
SLURP
CROC CROC CROC
MIAM MIAM
SMACK
GOINFRE! EN VOILÀ DES MANIÈRES!
PARDON
CROUNCH
SLURP
CROC CROC CROC
MIAM MIAM
SMACK

AUJOURD'HUI, NOUS ENTAMONS UN NOUVEAU ROULEAU D'ESSUIE-TOUT!
JIM DAVIS 7-3
HÉ! EST-CE QUE ÇA VA?
JE NE SAIS PAS, JON. J'AVAIS TANT ESPÉRÉ CE JOUR ET, À PRÉSENT QUE NOUS Y SOMMES, JE NE SAIS PLUS. J'IMAGINE QUE JE SUIS ATTEINT D'UNE DÉPRESSION POST ESSUIE-TOUT...
HÉ-HO! ME CHERCHES-TU?
© 1995 PAWS, INC./Distributed by Universal Press Syndicate
TU AURAIS AVANTAGE À SORTIR ET À PRENDRE UN PEU DE SOLEIL!
JE VAIS SORTIR...
JIM DAVIS 7-4
MAIS JE REFUSE DE PRENDRE DU SOLEIL!
© 1995 PAWS, INC./Distributed by Universal Press Syndicate

JE VAIS PROUVER À TOUS QUE JE NE SUIS PAS PARESSEUX!
JIM DAVIS 7-5
TAP TAP TAP
QUELQU'UN POURRAIT-IL M'OUVRIR CETTE PORTE?
© 1995 PAWS, INC./Distributed by Universal Press Syndicate
DE LA LASAGNE, GARFIELD?
MA PRÉFÉRÉE!
© 1995 PAWS, INC./Distributed by Universal Press Syndicate
RÉDUITE EN CALORIES ET...
MIAM!
JIM DAVIS 7-6
UN TIERS DE MATIÈRES GRASSES!
ALORS, APPORTE-M'EN DEUX AUTRES, MONSIEUR MINCEUR!

Ce soir, le Réseau national des chats présente...
l'histoire tragique d'un chien errant...
"Le Vieux Fido et la grille électrifiée"!
LE MAGNÉ-TOSCOPE, VITE!
JIM DAVIS 7-7
© 1995 PAWS, INC./Distributed by Universal Press Syndicate
ODIE, VIENS ICI! ICI, ODIE!
JIM DAVIS 7-8
GARFIELD, ODIE EST-IL DANS LA MAISON?
QUASIMENT!
© 1995 PAWS, INC./Distributed by Universal Press Syndicate

GARFIELD®
EUF
CLIC
© 1995 PAWS, INC Distributed by Universal Press Syndicate
BONG
CLIC
JIM DAVIS 7-9

TOUT M'APPARTIENT DANS CETTE MAISON!
© 1995 PAWS, INC./Distributed by Universal Press Syndicate
FAITES-MOI UNE OFFRE!
JIM DAVIS 7-10
LA VIE EST MORNE ET SANS INTÉRÊT...
© 1995 PAWS, INC./Distributed by Universal Press Synd
TU TE RENDS COMPTE? DIX-SEPT ANS QUE JE N'AI PAS FAIT L'ÉPOUSSETAGE!
AHA
JIM DAVIS 7-11

EUF...

AUJOURD'HUI, L'INDICE D'ENNUI EST PLUS ÉLEVÉ QU'HIER DE 2,3%

JE SUIS PASSÉ MAÎTRE DANS CE TYPE DE CALCUL

JIM DAVIS 7-13

ALLEZ, GARFIELD! UN MONDE MERVEILLEUX GROUILLE DE VIE AU DEHORS!
JE PRÉFÈRE MON PETIT MONDE MINABLE QUI NE GROUILLE PAS!
JIM DAVIS 7-14
© 1995 PAWS, INC./Distributed by Universal Press Syndicate
C'EST LE WEEK-END ET TU SAIS CE QUE ÇA SIGNIFIE...
EN DEUX MOTS, GARFIELD...
"CACHE-CACHE"!
OUAH! MON APPLAUDIMÈTRE VIENT D'EXPLOSER!
JIM DAVIS 7-15
© 1995 PAWS, INC./Distributed by Universal Press Syndicate

GARFIELD
EUF...
LES POISSONS NE MORDENT PAS CE MATIN
REGARDE BIEN!
JIM DAVIS 7-10
VOIS CE GROS VER LUISANT!
ILS ADORENT LE MAÏS!
ET DÉTESTENT QU'ON LEUR FASSE DES GRIMACES...
IL ONT EN HORREUR LA POLKA!
MOI, JE DÉTESTE LA PÊCHE DANS LES BANDES DESSINÉES!
© 1985 PAWS, INC./Distributed by Universal Press Syndicate

MON ONCLE ED ÉTAIT À CHEVAL SUR L'ÉTIQUETTE
JIM DAVIS 7-17
© 1995 PAWS, INC./Distributed by Universal Press Syndicate
GARFIELD
"NE FAIS JAMAIS UN ROT SONORE", RÉPÉTAIT-IL SOUVENT
GARFIELD
PUIS UN JOUR, SA TÊTE A ÉCLATÉ!
GARFIELD
POUF!
© 1995 PAWS, INC./Distributed by Universal Press Syndicate
JIM DAVIS 7-18
ATTENDS, VOIR... TU AS CHANGÉ DE COIFFURE, PAS VRAI?

NE SUIS-JE PAS TROP SOPHISTIQUÉ POUR MON PROPRE BIEN?
JIM DAVIS 7-19
EXCELLENTE QUESTION!
DEMANDONS LEUR AVIS À TES PANTOUFLES JEANNOT LAPIN!
© 1995 PAWS, INC./Distributed by Universal Press Syndicate
VIENS MANGER, GARFIELD!
RFIELD
JIM DAVIS 7-20
© 1995 PAWS, INC./Distributed by Universal Press Syndicate
THHHHHHUUUUUCK!!!!
RFIELD
DIS DONC, TU EN A MIS DU TEMPS!
IL FAIT CHAUD ET J'ÉTAIS DANS LE FAUTEUIL DE VINYLE!
RFIELD

AUCUN INCIDENT DÉPLAISANT NE S'EST PRODUIT AUJOURD'HUI
© 1995 PAWS, INC./Distributed by Universal Press Syndicate
SPLASH!
TU N'AVAIS QU'À DEMANDER!
JIM DAVIS 7·21
JIM DAVIS 7·22
© 1995 PAWS, INC./Distributed by Universal Press Syndicate
ARRÊTE, JE T'EN PRIE!
BIZARRE DE TYPE!

GARFIELD
BEDING! BEDANG! PAN!
BEDING! BEDANG! PAN!
JIM DAVIS 7-23
BEDING! BEDANG! PAN!
BEDING! BEDANG!
© 1995 PAWS, INC./Distributed by Universal Press Syndicate
PAN
VAS-Y!
BEDING!
GARFIELD!!

SUZIE LE CANARI, DISPARUE DEPUIS OCTOBRE 1978...
SPANKY LE POISSON ROUGE, DISPARU DEPUIS NOVEMBRE 1981...
RAYMOND LE CRAPAUD VÉNÉNEUX...
JE ME SOUVIENS DE RAYMOND!
JIM DAVIS 7-24
© 1995 PAWS, INC./Distributed by Universal Press Syndicate
DIS-MOI QUAND ARRÊTER!
NOURRIT
GARFIELD
JIM DAVIS 7-25
NOURRIT
C'ÉTAIT LE DERNIER SAC!
ALORS, ARRÊTE!
© 1995 PAWS, INC./Distributed by Universal Press Syndicate

VOICI UNE BOÎTE VIDE, GARFIELD!

JIM DAVIS 7-27

TU PEUX T'EN SERVIR POUR Y JOUER...

OU VIDER LE RÉFRIGÉRATEUR!

IL FAUDRAIT DES ROULETTES!

GARFIELD, NOUS SOMMES AU MILIEU DE LA NUIT!

QUE FAIS-TU DONC?!

JIM DAVIS 7-28
QUELLE EST CETTE ODEUR?
UN HIBOU SUR LE BARBECUE!

JE PRÉPARE UN MODESTE SANDWICH...
JIM DAVIS 7-29

HÉ VOUS! OUI! VOUS L'AUTRE CÔTÉ DE LA RUE! ÉLOIGNEZ-VOUS DE MON SALAMI!

Garfield
HUM!
ARRÊT
EXCUSEZ-MOI! JE JOUE DE L'ACCORDÉON...
LES FEMMES SONT FOLLES DES MUSICIENS, ALORS JE...
ÇA PAR EXEMPLE!
ARRÊT
NOUS SOMMES AUX "INSOLENCES D'UNE CAMÉRA", PAS VRAI?
ARRÊT
JIM DAVIS 7-30
LA CAMÉRA EST CACHÉE DANS LE CHAT, NON?
ARRÊT
UNE FOULE SE MASSE...
JE PASSE À LA TÉLÉ!
ARRÊT
JE POURRAIS VOUS JOUER...
HELLO MAMAN!
ARRÊT
© 1985 PAWS, INC./Distributed by Universal Press Syndicate

Ce film comporte des scènes pouvant choquer certains spectateurs
Nous préférons vous en avertir.
JIM DAVIS 7-31
GARE AU HIEN
GARE AU CHAT
JIM DAVIS 8-1

NOUVELLE COIFFURE!
NOUVELLE EXPRESSION D'AHURISSEMENT!
JIM DAVIS 8-2
© 1995 PAWS, INC./Distributed by Universal Press Syndicate
ODIE, EST-IL VRAI QUE TU ES IDIOT AU POINT DE NE PAS SAVOIR SI L'ON T'INSULTE?
J'ADORE CE CHIEN!
JIM DAVIS 8-3
© 1995 PAWS, INC./Distributed by Universal Press Syndicate

VA-T'EN!
ESSAIE DE M'Y OBLIGER!
JIM DAVIS 8-4
D'ACCORD! TU PEUX RESTER!
CIAO!
© 1995 PAWS, INC./Distributed by Universal Press Syndicate
CUI-CUI CUI-CUI CUI-CUI CUI-CUI
JIM DAVIS 8-5
CUI-CUI CUI-CUI CUI-CUI CUI-CUI
COUIC!
JE N'AVAIS PAS FAIM. JE VOULAIS LE FAIRE TAIRE!
© 1995 PAWS, INC./Distributed by Universal Press Syndicate

GARFIELD
RIIINNG!
RIIINNG
JIM DAVIS 8-6
RIIINNG
© 1995 PAWS, INC./Distributed by Universal Press Syndicate
M. ARBUCKLE? ICI LIZ, LA VÉTÉRINAIRE...
JE VEUX CONFIRMER LE RENDEZ-VOUS POUR LA PIQÛRE DE RAPPEL DE VOTRE CHAT...
HAN HAN HAN HAN
JE VEUX BIEN ME FAIRE PIQUER POUR VOIR COMMENT IL EXPLIQUERA CES SOUFFLEMENTS!

AUJOURD'HUI, JE PARTAGERAI AVEC QUELQU'UN!
DÈS QUE J'AURAI TROUVÉ QUELQU'UN AYANT QUELQUE CHOSE QUE JE DÉSIRE!
JIM DAVIS 8-7
C'EST L'ANNIVERSAIRE D'ODIE, MAIS TU T'EN MOQUES!
JIM DAVIS 8-8
MAIS NON! AU CONTRAIRE!
IL Y A BIEN UN GÂTEAU QUELQUE PART, NON?

HEUREUX DE TE VOIR, ODIE!
VAVOUM!
IL A FRÉTILLÉ JUSQU'À TOMBER!
JIM DAVIS 8-9
NE GRIFFE PAS MA JAMBE QUAND JE SUIS AU TÉLÉPHONE!
QUAND, ALORS?
CLIC
HELLOOOOOOOOOOOOO!!!
JIM DAVIS 8-10

GARFIELD, VIENS PAR ICI!
JIM DAVIS 8-11
© 1995 PAWS, INC./Distributed by Universal Press Syndicate
CRICRI
CRICRI
CRICRI
CRICRI
ÉCOUTE-MOI, PARESSEUX!
J'ÉCOUTE!
OH NON! ENCORE CE GROS CHAT QUI FAUCHE LES MARGUERITES!
ET NULLE PART OÙ ME CACHER!
JIM DAVIS 8-12
© 1995 PAWS, INC./Distributed by Universal Press Syndicate

morning complete
gymnema gut healthy